I0503873

This book belongs to:

____

www.ingramcontent.com/pod-product-compliance
Lightning Source LLC
Chambersburg PA
CBHW070400220526
45467CB00001B/444
9781712270394